First Picture Dictionary
Animals
Πρώτο Εικονογραφημένο Λεξικό
Ζώα

Pig
Γουρούνι

Rabbit
Κουνέλι

Butterfly
Πεταλούδα

Fox
Αλεπού

Illustrated by Anna Ivanir

www.kidkiddos.com
Copyright ©2025 by KidKiddos Books Ltd.
support@kidkiddos.com

All rights reserved. No part of this book may be reproduced in any form or by any electronic or mechanical means, including information storage and retrieval systems, without written permission from the publisher, except in the case of a reviewer, who may quote brief passages embodied in critical articles or in a review.
First edition, 2025

Library and Archives Canada Cataloguing in Publication
First Picture Dictionary - Animals (English Greek Bilingual edition)
ISBN: 978-1-83416-540-0 paperback
ISBN: 978-1-83416-541-7 hardcover
ISBN: 978-1-83416-539-4 eBook

Wild Animals
Άγρια Ζώα

Lion
Λιοντάρι

Tiger
Τίγρης

Giraffe
Καμηλοπάρδαλη

✦ A giraffe is the tallest animal on land.
✦ *Η καμηλοπάρδαλη είναι το ψηλότερο ζώο της στεριάς.*

Elephant
Ελέφαντας

Monkey
Μαϊμού

Wild Animals
Άγρια Ζώα

Hippopotamus
Ιπποπόταμος

Panda
Πάντα

Fox
Αλεπού

Rhino
Ρινόκερος

Deer
Ελάφι

Moose
Άλκη

Wolf
Λύκος

✦ A moose is a great swimmer and can dive underwater to eat plants!

✦ Η άλκη είναι σπουδαίος κολυμβητής και μπορεί να βουτήξει κάτω από το νερό για να φάει φυτά!

Squirrel
Σκίουρος

Koala
Κοάλα

✦ A squirrel hides nuts for winter, but sometimes forgets where it put them!

✦ Ο σκίουρος κρύβει ξηρούς καρπούς για τον χειμώνα, αλλά μερικές φορές ξεχνάει πού τους έβαλε!

Gorilla
Γορίλας

Pets
Κατοικίδια

Canary
Καναρίνι

✦ A frog can breathe through its skin as well as its lungs!

✦ Ο βάτραχος μπορεί να αναπνέει τόσο από το δέρμα του όσο και από τους πνεύμονές του!

Guinea Pig
Ινδικό Χοιρίδιο

Frog
Βάτραχος

Hamster
Χάμστερ

Goldfish
Χρυσόψαρο

Dog
Σκύλος

✦ *Some parrots can copy words and even laugh like a human!*

✦ *Μερικοί παπαγάλοι μπορούν να αντιγράφουν λέξεις, ακόμα και να γελούν σαν άνθρωποι!*

Parrot
Παπαγάλος

Cat
Γάτα

Animals at the Farm
Ζώα της Φάρμας

Cow
Αγελάδα

Chicken
Κότα

Duck
Πάπια

Sheep
Πρόβατο

Horse
Άλογο

Mosquito
Κουνούπι

Dragonfly
Λιβελούλα

✦A dragonfly was one of the first insects on Earth, even before dinosaurs!
✦Η λιβελούλα ήταν ένα από τα πρώτα έντομα στη Γη, ακόμα και πριν από τους δεινόσαυρους!

Bee
Μέλισσα

Butterfly
Πεταλούδα

Ladybug
Πασχαλίτσα

Badger
Ασβός

Porcupine
Σκαντζόχοιρος

Groundhog
Μαρμότα

✦ A lizard can grow a new tail if it loses one!
✦ *Η σαύρα μπορεί να βγάλει μια νέα ουρά αν χάσει την παλιά!*

Lizard
Σαύρα

Ant
Μυρμήγκι

Small Animals
Μικρά Ζώα

Chameleon
Χαμαιλέοντας

Spider
Αράχνη

✦ An ostrich is the biggest bird, but it cannot fly!
✦ Η στρουθοκάμηλος είναι το μεγαλύτερο πουλί, αλλά δεν μπορεί να πετάξει!

Bee
Μέλισσα

✦ A snail carries its home on its back and moves very slowly.
✦ Το σαλιγκάρι κουβαλάει το σπίτι του στην πλάτη του και κινείται πολύ αργά.

Snail
Σαλιγκάρι

Mouse
Ποντίκι

Quiet Animals
Αθόρυβα Ζώα

Turtle
Χελώνα

Ladybug
Πασχαλίτσα

✦ A turtle can live both on land and in water.
✦ *Η χελώνα μπορεί να ζήσει τόσο στη στεριά όσο και στο νερό.*

Fish
Ψάρι

Lizard
Σαύρα

Nighttime Animals
Νυχτόβια Ζώα

Firefly
Πυγολαμπίδα

Badger
Ασβός

Kiwi Bird
Κίουι

Leopard
Λεοπάρδαλη

Hedgehog
Σκαντζόχοιρος

Owl
Κουκουβάγια

Bat
Νυχτερίδα

◆An owl hunts at night and uses its hearing to find food!
◆*Η κουκουβάγια κυνηγάει τη νύχτα και χρησιμοποιεί την ακοή της για να βρει τροφή!*

◆A firefly glows at night to find other fireflies.
◆*Η πυγολαμπίδα λάμπει τη νύχτα για να βρει άλλες πυγολαμπίδες.*

Raccoon
Ρακούν

Tarantula
Ταραντούλα

Colorful Animals
Ζώα Γεμάτα Χρώμα

A flamingo is pink
Το φλαμίνγκο είναι ροζ

An owl is brown
Η κουκουβάγια είναι καφέ

A swan is white
Ο κύκνος είναι λευκός

An octopus is purple
Το χταπόδι είναι μοβ

A frog is green
Ο βάτραχος είναι πράσινος

✦ A frog is green, so it can hide among the leaves.
✦ *Ο βάτραχος είναι πράσινος, για να μπορεί να κρύβεται ανάμεσα στα φύλλα.*

A polar bear is white
Η πολική αρκούδα είναι λευκή

A fox is orange
Η αλεπού είναι πορτοκαλί

A koala is grey
Το κοάλα είναι γκρι

A panther is black
Ο πάνθηρας είναι μαύρος

A chick is yellow
Το κοτοπουλάκι είναι κίτρινο

Animals and Their Babies
Ζώα και τα Μωρά τους

Cow and Calf
Αγελάδα και Μοσχάρι

Cat and Kitten
Γάτα και Γατάκι

✦ A chick talks to its mother even before it hatches.

✦ Το κοτοπουλάκι μιλάει στη μητέρα του ακόμα και πριν εκκολαφθεί.

Chicken and Chick
Κότα και Κοτοπουλάκι

Dog and Puppy
Σκύλος και Κουτάβι

Butterfly and Caterpillar
Πεταλούδα και Κάμπια

Sheep and Lamb
Πρόβατο και Αρνί

Horse and Foal
Άλογο και Πουλάρι

Pig and Piglet
Γουρούνι και Γουρουνάκι

Goat and Kid
Κατσίκα και Κατσικάκι

www.ingramcontent.com/pod-product-compliance
Lightning Source LLC
LaVergne TN
LVHW072002060526
838200LV00010B/261